D1174048

Quelques autres de nos livres d'humour

Les hommes ! par les femmes
Le petit livre du stress
Un ramassis de blagues salées
Un sacré parcours de golf
Rire et sourire aux grands dîners
On s'éclate en faisant du sport
La vie commence à 40 ans
La vie est belle à 50 ans
Tous fous à 60 ans

© **Éditions Exley sa 2000**
13, rue de Genval   B - 1301 Bierges
Tél.: +32. 2. 654 05 02 - Fax : +32. 2. 652 18 34
e-mail: exley@interweb.be

Un livre de Helen Exley - 1ère édition en 1984
© Faith Hines 1984 (textes) et G.Jalliffe 1984 (illustrations)

Un grand merci à Odile Dormeuil pour son aide précieuse
à l'écriture de cet ouvrage.

12 11 10 9 8 7 6 5 4 3 2 1
ISBN 2-87388-173-9
D 7003/ 2000/ 04
Imprimé en Hongrie

LA LOI DE MADAME MURPHY : SI QUELQUE CHOSE DOIT FOIRER CELA FOIRERA ET, DANS CE CAS, LA FEMME SERA LA COUPABLE !

La Mère Dans Tous Ses États

LA CONCEPTION VUE PAR MARIE

Réservez le voyage de votre vie.
Vous serez enceinte avant même d'avoir le billet.

**MME LEGROS ET SA VISION
DU VENTRE ROND**

1. Aucune femme ne s'attend
   à se retrouver
   si grosse.
2. Viendra le moment
   où même la robe de
   grossesse
   la plus chère
   ressemblera à un drap
   recouvrant un ballon
   de plage.

MME BRUN ET SA VISION PERSONNELLE
DE LA MATERNITE

La grossesse n'a rien à voir avec ce que le livre raconte.

CLAIRE ET SA NOTION DU TEMPS

La future mère qui
a pris toutes les dispositions
pour que bébé naisse
en toute sécurité à la maison,
aura ses premières contractions
chez l'obstétricien.

LA POSITION
IDÉALE

La position la plus
recommandée par le corps
médical au moment
de l'accouchement est
la position allongée.
Car l'observation de la
tortue dans la même
posture démontre
qu'elle est absolument
sans ressource.

VISION DE L'ACCOUCHEMENT

Une excellente maîtrise de la langue française
facilite en principe l'accouchement.

ERRATUM ...

Dans les livres on vous décrit confortablement
installée au lit, entourée de fleurs, épanouie.
En réalité, vous êtes en peignoir, en train de nettoyer l'oeuf poché que votre gamin de deux ans a
fait tomber sur le sol de la cuisine.

DEUX PRÉCEPTES UN PEU HATIFS
1. L'euphorie de la naissance dure le temps d'une nuit.
   En revanche, être parent dure autant qu'une
   comédie à succès. Sans changement d'acteurs.
2. La mère qui planifie la façon dont elle élèvera son
   enfant devra se pencher sur la façon dont le bébé
   compte élever sa mère.

PREMIERE NUIT À LA MAISON
La seule chose qui inquiète une mère, ce ne sont pas
les pleurs de son bébé mais son sommeil.

UNE NUIT FICHUE...
1. Il est déconseillé d'aller voir si bébé dort. Il dort!
2. Le bébé d'en face , lui, fait ses nuits.

PREMIÈRES CHOSES À SAVOIR

La plupart des nouveaux-nés ressemblent à des gnomes
tout mous. Beaucoup de jeunes mères, à la vue de leur
progéniture, réalisent que le sens maternel n'est pas inné

L'USAGE DU POT

Un bébé très absorbé signifie des couches sales.
Un bébé avec un sourire triomphant est un bébé
qui n'a rien fait dans le pot.
Le petit de deux ans qui fait dans le pot est trop
fier pour se souvenir qu'il a une culotte.
N'importe quel bébé peut attendre que la clé de
contact soit tournée pour faire sa petite crotte.

LA MAXIME DE Mme LEBRUN
Une mère qui n'a que deux bras est handicapée.

Maman Murphy
et ses petits Murphies

LES ENFANTS
VUS PAR Mme LEBRUN

1. Ce n'est pas parce qu'il ne peuvent pas le dire qu'ils ne peuvent pas le faire.
2. Ne dites jamais rien devant un enfant, même petit, qui ne puisse se retourner contre vous.
3. Un enfant qui paraît innocent est un enfant qui manigance quelque chose.
4. S'il vient près de la porte en quête de bisous, comptez jusqu'à dix puis essayez de savoir ce qu'il a cassé.

DEUX AVIS POUR REMONTER LE MORAL DE LA MÈRE DÉSESPÉRÉE

1. Un enfant n'est pas aussi innocent qu'il le paraît.
2. Le danger zéro n'existe jamais avec les enfants.

LES TROIS RÈGLES DU JEU

1. Un jouet éducatif trop cher restera au fond du coffre à jouets.
2. Le jouet condamné par les éducateurs est celui que les enfants préfèrent. C'est probablement un pistole
3. Les gens qui offrent à vos enfants des batteries, des jeux électroniques ou des jeux de fléchettes n'ont pas d'enfants. Ou bien sont sadiques .

LES CALCULS DE MME PETIT

Il est possible de juger de l'âge de l'enfant dans une maison, à la hauteur où les objets fragiles sont placés.

L' OBSERVATION DE MME PETIT

Les petits aiment ranger. La cuvette des toilettes est l'endroit idéal pour faire du rangement.

UN JOUET PLUTÔT COÛTEUX

Les bambins ne jouent jamais avec le rouge à lèvre de chez Avon mais uniquement celui de chez Estée Lauder.

LE JEU D'ÉVEIL VU PAR
MME FINKELSTEIN

1. Plus les couleurs des crayons /peintures/stylos sont vives, plus elles sont indélébiles sur les vêtements des enfants.
2. Le bien psychologique éprouvé par l'enfant dans une activité d'éveil est proportionnel à l'atteinte psychologique ressentie par ses parents.

LA MOBILITE EN QUATRE POINTS
SELON MME DUPLANTIER

L'enfant sur le tricycle voudra marcher.

L'enfant dans la poussette voudra en sortir.

L'enfant qui marche voudra revenir dans la poussette.

L'enfant ayant un éléphant à tirer insistera pour y monter dessus.

LES LOIS DE LA PHYSIQUE

L'angle d'inclinaison est
proportionnel au nombre
d'enfants que
l'on pousse.

LOIS DE LA ROUTINE POUR UNE MÈRE

1. Un jour passé avec des enfants, c'est de la routine librement intégrée à un itinéraire plein d'imprévus.
2. Elle peut travailler toute la journée comme une esclave, elle accueillera son mari dans la même pagaille

LES JOURS SANS...
COMMENTÉS PAR MME MOREAU

1. La mère d'un seul enfant arrive à trouver une baby-sitter. Celle qui en a quatre les garde avec elle.
2. Chaque tranche de cinq minutes de retard pour récupérer votre enfant chez une amie, érode un peu plus votre amitié.

L'OBSERVATION DE LINCOLN

Lorsque les mères appellent un de leurs enfants, elles commencent toujours par le prénom des autres.
Et parfois le chat y a également droit.

PRINCIPE FONDAMENTAL
POUR RESTER A LA MAISON

N'importe quel projet envisagé pour aller quelque part peut être contrarié ou modifié.

DES SOUVENIRS FORMIDABLES !

Ce qui commence par un nounours pour enfant finit par un grenier plein de choses que vos enfants gardent pour leurs propres enfants.

Ils vous demanderont de conserver leurs biens jusqu'à ce qu'ils se marient et possèdent leur propre débarras.

SUITE LOGIQUE

Le jour où vous en avez enfin rangé le bric à brac de votre dernier, votre fille aînée vous annonce qu'elle est enceinte.

VISION DE L'AMOUR MATERNEL

L'amour maternel n'est jamais aussi intense que pendant la phase d'attente qui précède le retour de votre enfant de l'école, du collège, d'un voyage ou d'une résidence lointaine. Il redevient normal au cours des cinq minutes qui suivent.

SAVOIR GARDER SON SANG-FROID

La mère qui gronde son enfant tout en recousant la doublure de son manteau, trouvera qu'elle a fait un excellent travail de couture au niveau des emmanchur qu'elle a distraitement obturées.

L'APPROCHE PSYCHOLOGIQUE DE MME FREUD

Le seul inconvénient avec les manuels d'éducation rédigés par les spécialistes est que dans dix ans, ils admettront avoir changé d'avis.

LA VERITÉ SELON UNE MÈRE

Il y a deux catégories d'enfants: les vôtres et ceux des autres.

Je traversais doucement le salon - comme tu me l'as toujours recommandé - et... et...c'est là que j'ai vu ton vase chinois par terre...comme qui dirait... cassé...

Maman Murphy
et la crise d'adolescence

LA LOI DES ADOS

Le principe fondamental de la relation mère/adolescent
est qu'ils ne considèrent jamais leur mère comme un êtr
humain.

Quand une mère dit *tôt*, l'adolescent entend *tard*.

LA TROUVAILLE DE MME LAMBERT

Dans l'hypothèse invraisemblable où toute la famille
serait de sortie pour la soirée et où vous regardiez un *trè*
bon film, il y a fort à parier qu'ils tomberont en panne e
reviendront à la maison au moment le plus crucial de l'his
toire, avec des tas de choses à raconter sur qui a fait quoi
sur ce qu'a dit
le policier.

Devine quoi !!

UN COEUR TENDRE

Il est plus facile d'aimer ses parents par courrier.

FACE À L'ADOLESCENT MOQUEUR

Aucune femme n'admettra jamais avoir ressemblé
aux jeunes actrices dont se moquent leurs filles. La
revanche sera au rendez-vous dans vingt ans.

LE TOP DE L'ÉDUCATION

Si votre fils a le choix entre deux universités, trois
collèges et une spécialisation en Europe, il choisira la
mauvaise voie. Quoi qu'il en soit, ce sera toujours
vous la fautive.

LE CHOC DE TANTE FLO

Il est difficile de faire le lien entre le garçon aux cheveux
fluo et le portrait de studio qui est sur le piano.

DES GARCONS « BIEN ÉLEVÉS » !

1. SI votre fils est calme, très soigné et beau, il reviend
   un jour à la maison avec des cheveux verts dressés
   en pointes sur la tête ou le crâne tatoué ou tout autr
   plumage d'apparat à la mode pour les mâles.
2. Si votre ado ne pose aucun problème, il décidera d
   collectionner les reptiles.
3. Tout le monde vous dira que votre sale macho de fi
   de dix-huit ans est un garçon *bien élevé*.

UNE CERTAINE VISION DU DÉPART

1. Chaque fois que vous faites au revoir à votre enfar
   vous marquez un temps d'arrêt avant de continuer.
2. Lorsque les mômes quittent la maison, plusieurs
   choses peuvent arriver: un mot gribouillé depuis la
   frontière Afghane; les visites dominicales avec le
   paquet de linge sale; la remise en ordre de leur
   ancienne chambre avant leur retour...

P.S. (Les mômes ne sont pas tous mauvais. Le plus tris
est de se remémorer les petits mots écrits en pattes de
mouches, du genre : «Désolé d'avoir cassé la théière. C
t' aime.»)

Miss Murphy et le Mariage...

LES PRINCIPES FONDAMENTAUX DU MARIAGE SELON MME MURPHY

La cérémonie du mariage annule tous les anciens privilèges de la femme. Une fois la bague au doigt, elle aura automatiquement le privilège de devenir une adepte de la cuisine, du nettoyage des vitres, du ménage, du repassage et du nettoyage de caniveau.

L'ANGOISSE DE FRANÇOISE

Si vous vous réveillez un bon matin en vous armant de courage pour le mettre à la porte une bonne fois pour toutes, il reviendra à la maison en ambulance.

QUAND TOUT S'EN MÊLE ...

Les hommes sont toujours à un séminaire à Paris lorsque le toit s'effondre.

LA DURE LOI DU MARIAGE

L'homme qui se marie pour avoir des enfants, divorce parce qu'elle leur accorde trop d'attention.

LA RUSE STRATÉGIQUE DE SIMONE

Une dame désire une tasse de café.
Elle se rend à la cuisine, met la cafetière
électrique en marche.
Elle s'écrie « Veux-tu une tasse de café, chéri ? »

Un homme désire une tasse de café.
Il s'affale dans le fauteuil.
Il s'écrie « Je voudrais un café, et toi, chérie ? »

À moins de régler la situation dès le début du mariage
en étant très claire et très ferme, l'épouse sera vouée
à la préparation du café jusqu'à la fin de ses jours,
tandis que le mari lui reprochera de laisser l'eau
de la cafetière électrique s'évaporer.

LES LAMENTATIONS DE RAYMONDE

Les femmes ne harcèlent pas. Elles répètent cinquante
fois la même chose faute de réponse.

LE POINT DE VUE DE MARCELLE

Les femmes qui s'excusent pour avoir la paix,
divorcent pour avoir passé leur temps à s'excuser.

LA LOI DE GINETTE FACE AU MARI VOLAGE

. Dame Nature se range toujours du côté de l'autre femme.

. Les hommes qui quittent le domicile conjugal sont abasourdis lorsque leurs femmes refusent qu'ils reviennent.

LES DÉFINITIONS DE MLLE SIJAVÉSU

Le divorce est l'acte par lequel deux personnes se rendent leur liberté pour mieux recommencer. Lui avec sa petite amie, sa carrière, ses dépenses et la vidéo. Elle avec les mômes, le chien, les chats, ce drôle de cliquet dans les tuyauteries et un certificat de secouriste.

LA DURE LOI DE L'EXPÉRIENCE ...

1. Le divorce est une tragédie qui, étrangement, se resserre au bout d'un certain temps comme un soulagement.
2. Ce n'est qu'après avoir été quittée par son mari qu'une femme découvre que s'occuper des factures n'a rien de sorcier. Toute cette comptabilité où apparaissent colonnes et recettes peut être largement simplifiée par des factures payées dès réception.

LE PARENT ISOLÉ VU PAR MME DELORS

1. Au moment où vous avez enfin l'argent du tapis qui est assorti aux chaises, ce sont les chaises qui vous lâchent.
2. Les enfants ont honte de ramener leurs amis à la maison alors qu'ils l'ont violemment critiquée.

Travaux Ménagers et Corvées

Personne ne dit à une femme qui se marie tout ce que l'on attend d'elle. Elle pense sincèrement qu'un livre de cuisine, un gentil bébé et un livre d'éducation sexuelle lui suffiront. Aucun ne fait allusion aux lapins à achever, aux poupées qui perdent les yeux, aux toilettes bouchées avec des peluches ni aux grains de riz dans le piano.

LOI UNIVERSELLE DES TRAVAUX MÉNAGERS

Les tâches ménagères s'accumulent pour mieux exclure toutes perspectives intéressantes.

CE QUI EST VRAI POUR CHAQUE ÉPOUSE

Le ménage prend plus de temps qu'il ne le pense.

CETTE SACRÉE BELLE-MÈRE

Chaque femme au foyer est sur certains points naïve. Sa belle-mère en profitera.

PREMIÈRE CAUSE DE SÉPARATION

Il manque toujours un élément à une séparation franche.

LA LOI DES TRUCS ET DES MACHINS ...

Les affaires filent sous d'autres affaires. Puis disparaissent.

LA DURE LOI DU REPASSAGE

1. La grande nappe en lin avec incrustation de dentell gagnera le sommet de la pile de repassage.
2. Les hommes repassent rarement. Quand ils le font, i s'exercent sur une chemise toute neuve.
3. Les planches à repasser ont été conçues par des homme: Les planches à repasser sont peu pratiques.

MME MORGAN ET SES THÉORIES DE L'HORAIRE MINUTÉ

1. Si vous avez juste le temps d'aller à la banque, et encore à condition de courir, vous serez accostée par la vieille dame d'à côté.
2. Si vous avez juste le temps de terminer un travail, les témoins de Jéhovah sonneront à votre porte.

LA DURE LOI DU DESIGN

Un appareil acheté après une recherche minutieuse révélera immédiatement un défaut de fabrication.

L' ÉQUIPEMENT «GAIN DE TEMPS» JUGÉ PAR MME LAGUIGNE

Le temps gagné lors de l'utilisation de votre gadget «gain-de-temps» est proportionnel au temps que vous passez à le nettoyer et à l'entretenir.

EFFICACITÉ DANS LE SERVICE PUBLIC

Les agents de la compagnie du gaz, de l'électricité ou du service des eaux ne passent jamais deux fois. Le second qui se présente n'a pas trace du passage du premier. Le troisième est très étonné de voir qu'une femme possède autant de compétences techniques.

UNE CERTAINE PERSPICACITÉ !

1. L'homme est désavantagé parce qu'on lui a fait croire qu'il faut avoir le bon outil pour réussir un travail spécifique. Une femme n'est pas si refoulée!

2. Toute femme sait que la plupart des réparations peuvent être effectuées à l'aide:
   a) d'un couteau de cuisine
   b) d'un trombone redressé
   c) d'un peigne
   d) de savon
   e) d'une violente expiration

QUAND LA MACHINE S'EN MÊLE...

Il suffit que vous attendiez votre belle-mère pour que la machine à laver déborde et inonde la cuisine ou alors qu'elle se mette à surchauffer et s'arrête en grinçant alors qu'elle est remplie de toutes les chemises de la maisonnée!

Ma garantie expire dans une semaine. Après on va rigoler!

TATIE DANIÈLE CHERCHE LA PANNE

Pour ne pas passer pour une imbécile auprès du réparateur appelé en urgence, vous essayez de trouver la solution toute seule.

Exemples:

Le non fonctionnement de l'appareil de télé est dû au fait que vous n'avez pas branché la prise.

Tout le dispositif est solidement englué dans la poussière, car vous ne saviez pas qu'il fallait le nettoyer.

LE TALENT DE RODOLPHE

Les enfants et les chats ont un sens précis du momen
où quelqu'un s'enfonce avec exubérance dans un
sommeil profond. Ils choisissent ce moment pour êtr
malades, hurler ou poser leurs pattes sur vos yeux.

MADAME LEBRUN TOMBE DE HAUT

C'est uniquement le jour où il y a trois mètres d'eau
dans votre maison, que vous découvrez que n'êtes pa
assuré contre l'inondation.

UNE ASSURANCE PAS RASSURANTE

L'assurance que vous aviez souscrite pour couvrir
vos frais d'obsèques ne couvrira, à votre mort, que
les frais d'une couronne de dahlias.

LA TACTIQUE DU VENDEUR

Quand vous achetez une maison, vous devez garder à l'esprit que la fréquence de sinistre au niveau de la construction est directement proportionnelle à son « charme ».

BRICOLAGE ET SYSTÈME D

Maintes toilettes ont admirablement fonctionné pendant des années avec une brosse à cheveux sous le flotteur pour en déclencher le mécanisme.

REGARD SUR LES ACQUIS EN TOUS GENRES

Les livres élèvent.

LES THÈSES DE THÉRÈSE

1. Il y a un point dans l'espace-temps infini qui attire les clés et les chaussettes dépareillées.
2. Les objets sont comme les marées. Ils affluent pour remplir l'espace rangé par n'importe quelle ménagère organisée.

HISTOIRE DE FICELLE PAS FACILE

Une fois votre paquet cadeau ficelé, vous découvrez que vous avez oublié quelque chose.

Après avoir défait la ficelle, vous découvrirez qu'elle n'est plus assez longue pour reficeler le paquet et qu'il n'y a plus de ficelle à la maison.

PAROLE DE BRICOLEUR

1. La différence entre l'amateur et le professionnel est que le professionnel bricole avec assurance.
2. Un bon coup de pied est le premier recours de tout dépanneur, qu'il soit amateur ou professionnel.

UN JARDINIER SUPER ENTHOUSIASTE

1. Le savoir-faire très envié qui consiste à réaliser une bouture avec de jolies feuilles zébrées, sera anéanti par deux années de dur bêchage pour la déraciner.
2. Au prix du sucre nécessaire à l'utilisation de cette quantité de fruits offerte, ajoutez le coût du remplacement des papiers peints de la cuisine.

CE QUE VOUS DEVEZ SAVOIR DES CHATS

1. Si vous avez besoin de quelque chose, le chat est dessus.
2. Un chat dans une maison est un chat dans le lit.
3. Les chats se déplacent toujours lentement face aux gens qui transportent des plats chauds.
4. Les gens qui disent « Mets ça de côté, il le mangera », n'ont pas de chat.

QUOI DE NEUF SUR LE FROMAGE !

Plus la sélection est variée, moins vos invités y goûtent.

UN LIVRE INSAISISSABLE !

Si vous ne pouvez acheter votre livre le jour même, le vendeur, entouré d'exemplaires, vous assurera qu'il n'est pas nécessaire de le réserver. Le lendemain, le stock sera épuisé.

UN RANGEMENT TRES ETUDIÉ

Votre nouvelle carte de crédit est restée à la maison dans votre bureau. Celle-ci n'est que l'ancienne!

UN PACKAGER FUTÉ

1. Si une boite vante son contenu en mentionnant «Ajout de vitamines», les vitamines en question représentent la quantité éliminée par le raffinage du prod
2. «Cuisiné maison» signifie cuisiné en usine, mais avec morceaux.

LA LISTE DES COURSES DE MELLE LINOTTE

1. Une liste de courses est toujours complète, bien élaborée et...encore sur la porte du réfrigérateur lorsqu'on rentre à la maison.

2. La chose que vous ne vous donnez pas la peine d'ajouter à la liste des courses tant elle est évidente, fera partie des articles que vous aurez oublié de prendre.

UN VENDEUR QUI SE DÉROBE

Si vous ne faites que regarder, vous serez harcelée par les vendeurs. Essayez de faire un achat à la hâte et vous les trouverez ou perchés sur une échelle ou dans l'arrièr boutique.

LA MOQUETTE EN SOLDE...

La moquette en solde que vous avez achetée aux mesures exactes de votre pièce aura besoin de 15 cm en moins d'un côté et de 20 cm en plus de l'autre.

L'ESPOIR DE L'ÉTERNEL PRINTEMPS

Une femme qui part à la recherche de la robe de ses rêves, regarde d'abord les vêtements qu'elle aurait portés à 19 ans, puis ceux créés pour les femmes de son âge, et enfin ceux qui sont faits pour elle.

QUESTION D'OBSERVATION

Si une chaussure est confortable, elle est démodée.

L'ANNONCEUR MALIN

La raison pour laquelle le pull-over de la pub-Télé redevient comme neuf après lavage est qu'il est neuf.

LA COURSE AU SUPERMARCHÉ

Si vous vous ruez à la petite épicerie déserte du coin
pour y achetez une baguette de pain, elle sera, comme
par hasard, envahie par tous les gamins de la rue.

DÉDUCTION LOGIQUE

La queue dans laquelle vous êtes avancera toujours
plus lentement qu'une autre, même si en apparence
elle devait progresser plus vite. Et c'est bien pour
cela que vous vous y étiez mise.

LE SAC À PROVISIONS

Le jour où, trop fatiguée pour déballer vos courses
en premier, vous aurez besoin d'une bonne tasse de
thé, sera le jour d'achat des glaces.

AUTRE COURSE AU SUPERMARCHÉ

L'homme qui est devant vous, à la banque, a justement de graves problèmes avec son compte.

A la poste, il envoie une tarentule en République Tchèque.

Au supermarché, il fait ses courses pour une fête avec cinquante invités.

BRIC-A-BRAC

Il suffit que vous viriez votre affreux chien vert chinois pour voir son jumeau soldé dans un magasin d'antiquités.

LES DÉBOIRES D'HÉLÈNE...

Il suffit que vous découvriez quelque chose d'oublié et d'intéressant dans votre grenier, pour que le marchand vous dise qu'il y a cinq ans, il le vendait une *fortune.*

LE CERCLE DE LECTURE...

Achetez un livre au prix normal et vous le retrouverez un jour offert dans votre cercle de lecture.

Achetez-le à votre cercle de lecture et il fera, à l'occasion partie des offres d'introduction du club de votre soeur à tarif réduit.

Achetez-le avec une couverture rigide et il sortira en livre de poche.

LE CASSE TÊTE CHINOIS DE MARIE

Si vous avez cassé une pièce de votre plus beau service, soit la série n'a pas été suivie, soit le fabricant a fait faillite.

Coup fatal: cinq ans plus tard, juste après avoir donné ce qui restait, vous retrouverez une foule de pièces à une vente aux enchères.

LES VENTES DE CHARITÉ

On n'envoie rien à une vente de charité sans avoir une excellente raison.

LES DÉDUCTIONS DE MADAME LEBRUN

Vous ne découvrirez ce que c'est qu'une fois rentrée chez vous.

L'EMBARRAS DE MLLE LEGRAND

Le vêtement qui vous pousse, vous et vos amies, à la crise de nerfs, a été offert par la dame qui se trouve derrière le comptoir.

QUI CHERCHE NE TROUVE PAS TOUJOURS

Toutes les robes en vente sont en 38- en revanche si vous mettez du 38, alors vous ne les trouverez qu'en 46.

LA FIÈVRE ACHETEUSE

Il est bien connu que lorsqu'on ne peut résister à l'achat d'un article très coûteux et pour lequel on a eu le coup de coeur, on le trouve, au bout d'une semaine, de mauvaise qualité, trop cher et mal coupé.

Miss Murphy fait la cuisine

LA TROUVAILLE DE CATHIE

Les ingrédients d'un authentique plat campagnard grèveront n'importe quel budget hors du pays d'origine.

PETIT COUP D'AMERTUME

Si vous faites accidentellement un plat que toute la famille adore, vous ne saurez plus jamais refaire exactement le même.

CONTRE MAUVAISE FORTUNE, BON...

Il est possible de soustraire les ingrédients les plus onéreux d'un plat gourmet sans lui ôter sa saveur, quelle qu'elle soit.

LE DÉSASTRE CULINAIRE VU PAR JULIE

1. Tous les plats que vous avez préparé une bonne centaine de fois à l'acclamation générale, seront un vrai désastre le jour où votre patron viendra dîner.
2. Il en sera de même pour tous les plats que vous n'avez jamais préparés avant.

L'INVITÉ IMPORTANT EN TROIS LEÇONS

1. En cuisine, une bêtise présentée avec conviction devient une création.
2. Si votre invité dit que le plat est intéressant, c'est qu'il est raté.
3. Les plats cuisinés et surgelés vantés par les industriels comme étant des gains de temps sont des plats que l'on retrouve au fond du réfrigérateur une fois les invités partis.

MISE EN GARDE DE BERNADETTE SUR LE BRÛLÉ

1. Il n'y pas le moindre temps de pause entre des spaghetti, du riz et du lait qui cuisent gentiment et leur soudaine ébullition.
2. Un ragoût peut passer du non cuit au brûlé sans phase intermédiaire.
3. La différence entre le non cuit et le brûlé se joue dès l'instant où vous allez confirmer à un représentant que vous ne voulez pas son lot d'encyclopédies.

L'ÉNORME BOURDE DE SUZETTE

Le plus inquiétant en cuisine, c'est de retrouver sur la table un ingrédient de base alors que la porte du four vient tout juste d'être fermée.

MAMAN MURPHY ET SES SUGGESTIONS RAGOUTANTES !

1. Le suprême test pour évaluer l'amour d'une mère est le petit-déjeuner à base de *poussin* au lait.
2. Une tarte au citron est incomparable lorsqu'elle a été ramenée à la maison dans un cartable.

UN POINT DE VUE RÉCONFORTANT

Les enfants préfèrent les gâteaux que l'on a ratés.

SAVOIR MATER DES INVITÉS PLUTÔT MAL ÉLEVÉS

Si vous avez passé la majeure partie de la journée à préparer le souper pour des invités et qu'ils arrivent en haletant «Chérie, *juste* un café! On est tombé en panne et on a fait un *énorme* repas en attendant que le mécanicien répare ! », il y a fort à parier qu'il ne reviendront pas de si tôt.

LES CONSTATATIONS DE LA MÈRE HUBERT

1. Vous avez confondu *gingembre* et *cannelle*, mais pa les enfants qui mangent vos petits bonhommes en pain d'épice.
2. L'absence d'un quelconque ingrédient signifie un supermarché fermé !

Miss Murphy en bonne et en mauvaise santé

MME LAPÊCHE ET SON ENCYCLOPEDIE MÉDICALE FAMILIALE

1. La plupart des femmes qui ont une pneumonie, l'ont contractée en faisant leurs courses, enrhumées.
2. S'il y a un accident à la maison, si les enfants tombent malades, si le chat meurt, votre mari sera, à tous les coups, en voyage d'affaire.
3. Si votre enfant doit tomber malade, il le sera au beau milieu d'un examen très important.
4. Les maladies infantiles se produisent selon un principe assez déroutant. Il n'y a pas deux enfants qui les attrapent en même temps.

LES OBSERVATIONS DE MAMIE !

1. L'enfant qui, vaillamment, arrive à la salle de bain, vomira sur les tuyaux derrière les toilettes.
2. L'enfant qui annonce qu'il est sur le point de vomir, va vomir.

CE QUE NOUS APPREND LE SEXE FORT

1. Rien ne réveille un mari à 2 heures du matin, ni le début de rhume de l'enfant, son gémissement croissant, le cliquetis des bols, l'eau qui coule, la recherche d'un pyjama propre, le lit que l'on refait, la mise en place de serviettes, les seaux et les verres d'eau et les *bonne-nuit* qui s'en suivent, ni le bain qui coule et les relents du désinfectant. Ils sont même surpris et un peu déconcertés de voir que leur petit déjeuner n'est pas prêt à temps.

2. Les hommes sont dits du sexe fort, aussi longtemps qu'on ne leur demande pas de s'occuper de vomi, de sang, de flaques de pipi, du caca du bébé ou de la morve. Ce travail incombe aux femmes et aucun doctorat ne pourra l'en préserver.

MAMAN MURPHY À RAISON

Une femme qui se rend chez son médecin pour un problème de dos mais qui à l'évidence fait un cent-dix de tour de poitrine, ne doit pas s'étonner qu'il lui examine d'abord la poitrine.

DIAGNOSTIC D'UN MÉDECIN PHALLOCRATE

Votre boitement est dû à votre âge. (Alors pourquoi ma jambe est-elle plus courte après l'intervention ?

LE TRAVAIL VU PAR UN PATRON

1. Tous les problèmes féminins reposent sur le cycle menstruel. Peu avant. Pendant. En retard. Trop long. Juste après. Enfin terminé. Et ainsi de suite...
2. La dépression chez les femmes est liée à leur cycle. La dépression chez les hommes est liée au stress qui la précède.

UNE GRÈVE BIEN SÉLECTIVE

Les estomacs qui demeurent silencieux au cours de l'Ouverture 1812 de Mozart, se mettent à gronder au moment des passages les plus légers.

LE RÉCONFORT DU MÉDECIN

De nos jours, les médicaments sont merveilleux. Ils permettent à une femme atteinte de pneumonie de s'occuper de son mari qui a la grippe.

LES OBSERVATIONS DE MME DUPOND

N'importe quelle coupure, écorchure, ou brûlure, affectera, à coup sûr, la partie de la main où les risques d'infection/ d'aggravation seront proportionnels au nombre des tâches ménagères.

Apprendre à vieillir
en Beauté

LES OBSERVATIONS DE BABETTE

1. L'odeur de l'ail survit à celui de Chanel.
2. Le parfum qui sur elle évoque Paris, rappellera sur vous l'odeur d'un insecticide.

PANIQUE DANS LA GARDE-ROBE
DE JEANNETTE

1. On vous invite subitement à sortir, la seule robe qui convienne pend, toute dégoulinante, au dessus de la baignoire.
2. La raison pour laquelle vous vous êtes sentie si bien toute la soirée, c'est parce que votre fermetur éclair n'était pas montée.
3. La femme marchant à grandes enjambées, mains dans les poches, retient sa petite culotte.
4. La soirée la plus merveilleuse de votre vie s'efface lorsque vous réalisez que vous l'avez passée avec des chaussures disparates à vos pieds.
5. Si tout le monde semble partager votre allégresse, c'est parce que vous avez perdu vos faux-cils.

LA GROSSE FRIDA SE LAMENTE

Le reflet des vitrines vous révèle ce que le miroir de la salle de bain refuse de faire.

LA DURE LOI DU RÉGIME

Si vous éliminez les matières grasses, vous vous rabattrez sur les céréales complètes et regrossirez.

VENTRE PLAT OU VENTRE ROND?

1. Quand on est jeune, l'estomac et la poitrine occupent une place bien distincte au niveau du corps.
2. Vient le moment où vous seule savez quand vous rentrez votre ventre.

DES COIFFURES RATÉES...

1. La mise en plis la plus chère ressemblera à une perruque.
2. Les coiffeurs confondent toujours expression d'horreur et extase.

CE QU'EN PENSE ANDRÉ

Madame a toujours eu des cheveux difficiles à coiffer.

LES REGRETS DE ROSE

1. Arrive le jour où l'homme qui vous enserre dans ses bras pour vous aider à passer un obstacle est simplement gentil.
2. Pour un homme, quel que soit son âge, une femme de plus de quarante ans est vieille.

LA RÈGLE D'OR DU SALON DE COIFFURE
Aucun coiffeur ne croit que ses clientes savent ce qu'elles veulent.

L'AMORCE DE LA MATURITÉ
Un homme paraît l'âge qu'il ressent.
Une femme paraît l'âge qu'elle fait.

MADAME LEJEÛNE SE LAMENTE
Une femme bien conservée, paraît juste bien conservée.

LES ÉVIDENCES
1. Le rouge à lèvre qui déborde afin de donner une illusion de jeunesse, ressemble simplement à un rouge à lèvre qui déborde pour donner une illusion de jeunesse.
2. Plus vous essayez de vous rajeunir, plus les gens pensent que vous êtes vieille.

UNE REINE DE BEAUTÉ MOMIFIÉE
Seul un expert peut arriver à distinguer entre elles les riches californiennes car elles utilisent le même chirurgien plasticien.

Les états d'âme de la petite Murphy

LA GUERRE DU BOUTON

1. Pour les ados, c'est Le Bouton qui caractérise la loi de Murphy.
2. Une nouvelle robe vue dans le catalogue ? Un nouveau petit ami au volant de sa Porsche flambant neuve pour une virée en discothèque ? Le plus important, c'est Le Bouton.
3. Tout au long de l'après-midi Le Bouton reste latent à peine rosé, mais ensuite au bout d'une demi heure le voilà qui jaillit, comme alimenté par un groupe électrogène, luminescent, inéluctable. Rien au monde ne saura le dissimuler.

LA LOI SELON TANTE SOPHIE

Si vous n'avez pas de bouton, les règles s'en chargero

LA LOI D'ÉLODIE

Les seules chaussures qui soient confortables sont celles créées pour les personnes qui n'ont que quatre orteils.

LA ROUTE QUI MÈNE À L'ENFER

Lorsque cette brave vieille dame sur la route, vous demande de poster une lettre très importante, vous vous sentez investie d'une mission sacrée. Vous la retrouverez au fond de votre sac une semaine plus tard.

LA RÈGLE D'OR DE LA TV

Il y a fort à parier que s'il y a un concert Pop à la télé, le sport de papa sera sur l'autre chaîne.

LA MODE VUE PAR LA TIMIDE LYDIE

Si vous paraissez la cinquantaine, avec des cheveux verts coiffés à l'Iroquoise, six paires de boucles d'oreille et un rouge à lèvre noir... Vous ressemblerez à une dame qui a la cinquantaine et un look d'Iroquoise.

LE VÊTEMENT QUI COÛTE CHER

Ça coûte plus cher de paraître débraillée.

REDESCENDRE BRUTALEMENT SUR TERRE

Il est très difficile de convaincre que l'on a un look branché quand on est enceinte de huit mois.

MODE ET PARANOÏAS EN TOUS GENRES

1. La Loi de Murphy signifie que vous serez confront à un sérieux embarras lorsque vous essaierez des vêtements dans les boutiques.

2. Si le salon d'essayage est public, vous le partagerez avec des filles bronzées et longilignes, ou des filles minces à la peau mate, qui seront superbes dans n'importe quel vêtement.

3. Si la cabine est privée, vous vous coincerez les cheveux dans la fermeture éclair de votre jupe, derrière une porte fermée à double tour, ou y coincerez votre petite culotte et essayerez de la dégager avec vos dents, ou encore au moment où vous enfilerez les deux jambes dans une seule ouverture de la culotte, ou, simplement lorsque vous êtes là avec vos bretelles retenues par une épingle à nourrice, une jeune femme élégante et savamment pomponnée, passera la tête dans l'entrebâillement de la cabine pour vous demander « Avez-vous besoin d'aide, Madame ? »

Miss Murphy quitte la maison

CE QUI EST FONDAMENTAL LORSQU'ON QUITTE LA MAISON

Celle qui pense qu'elle payait sa mère bien trop cher pour son entretien, s'apercevra tôt ou tard qu'il n'en était rien.

LES LOIS DU PROPRIÉTAIRE

1. Cela fait six mois que vous vous plaignez de votre cuisinière à gaz. Le propriétaire daigne enfin y jeter un coup d'oeil. Elle fonctionne parfaitement. Le jour suivant, un retour de flamme vous brûle les sourcils.

2. La charmante propriétaire qui demande à avoir simplement un accès de principe à votre appartement est celle qui va lire tout votre courrier et fouiller les tiroirs où vous rangez vos dessous.

3. Demander à un propriétaire de réparer quelque chose, équivaut à un jeu de roulette russe. Un coup vous donne droit à une nouvelle chaudière, le suivant, à cinq semaines de préavis.

LES JOIES DE LA CO- LOCATION !

La Troisième Fille qui ressemble à un ange s'avère être infernale. À moins que la Troisième Fille ce ne soit vous et que les deux autres aient à vous supporter.

ATTENTION AUX OBSÉDÉS DU GERME

Vous souhaitiez trouver une compagne de chambre propre et sympa. Maintenant vous l'avez. Et toute la nourriture a un goût de javel.

LES PETITS CAILLOUX DE PAULINE ...

Votre compagne de chambre, d'ordinaire insomniaqu dort profondément la nuit où vous oubliez vos clés.

DOUBLE COMPAGNIE POUR FANNY

La nuit où vous l'invitez à prendre un café est justement celle où votre compagne de chambre oubliera que c'était à son tour de se coucher tôt. Et comme aller au lit paraîtrait plutôt louche, vous parlerez tous trois de politique jusqu'à l'aube.

LE PLAN D'ORGANISATION DE CAMILLE

Invitez-le à prendre un café et votre compagne de chambre aura oublié d'en acheter. Cherchez alors le vin et vous constaterez qu'elle l'a bu avec son petit ami. Ce que vous confirmeront les plats dans l'évier et les gros éclats de rire provenant de sa chambre.

L'AVERTISSEMENT DE SUZIE

Si vous partager votre chambre avec une biologiste, ne mangez rien de ce qui se trouve dans le réfrigérateur.

SECOND AVERTISSEMENT DE SUZIE

N'importe quel végétarien peut éventuellement vous convaincre d'avoir bien connu «la bête» qui fait office de steak .

LA LOI DE MARIE

Celles qui partagent votre chambre ne remarquent jamais la note désespérée qui dit ceci: *«Urgent! Acheter deux litres de lait et 500g de crème pour la fête de ce soir »*.

FAIRE DE SA MAISON SON CHÂTEAU

Lorsque vous invitez votre nouvel élu super canon à se rendre au salon, vous vous souvenez une seconde trop tard que vous y avez coupé les ongles de vos orteils.

PERDRE LA FACE

1. C'est le jour où vous irez au lit à huit heures avec une tasse de coca, que des amis raffinés arriveront chez vous à l'improviste.

2. Les invités inattendus devront se contenter des harico blancs à la sauce tomate et du demi paquet de cooki rassis.

3. Les mères reviennent de manière très inattendue le lendemain de la boum, et surtout avant que vous ayez eu le temps de faire disparaître les retardatair

Miss Murphy va travailler

LES INVARIABLES

Il pleut toujours lorsque vous vous rendez à une interview.

LES ÉVIDENCES

1. Si vous trouvez une place de parking en face du bureau, l'interview aura lieu dans une annexe, deux pâtés de maisons plus loin.
2. Emportez toujours le tiroir de la cuisine lors d'une interview. Vos références sont dedans.
3. Si vous arrivez à une interview avec une chaussure rose et l'autre bleue, ne vous inquiétez pas. Vous avez la réplique à la maison.

L'INÉGALITÉ DANS LE TRAVAIL

Peu importe l'efficacité des plus anciennes dans le service, les femmes continueront d'être jugées sur le temps que passera la plus jeune devant le miroir des toilettes.

LES ÉVIDENCES DE LA LOI DE MURPHY EN MATIÈRE D'INÉGALITÉ

1. Les criminels détestent être arrêtés par des femmes policiers jeûnes et petites.

2. Les gens sont toujours surpris lorsqu'une jeune juriste les fait acquitter.
3. Si vous avez écrit, peint, sculpté, composé, dirigé ou fait les arrangements de quelque chose avec un certain talent professionnel et de l'autorité, la plus belle récompense que vous puissiez espérer, c'est d'entendre quelqu'un dire qu'il ne savait pas que vous étiez une femme.

LES SAGES RECOMMANDATIONS DE L.M.

Ne restez jamais seule au bureau avec un homme qui a des tracts religieux dans son tiroir.

LA LOI DE NINA

Si l'on dit à une femme que l'on ne peut pas se passer de ses services, en général cela signifie qu'elle devra s'attendre à être sous-payée.

VIEILLES PEAUX, MÉMÉS ET SOCIÉTÉ

Peu importe l'intelligence, l'efficacité, l'ingéniosité ou l'expérience d'une femme, passé la quarantaine, c'est une vieille peau.

QUI A DIT QUE QUARANTAINE RIMAIT AVEC PEINE ?

Toute femme intelligente, efficace, ingénieuse et expérimentée, de plus de quarante ans, monte en grade

LE PATRON POLISSON

Quand votre patron se laisse aller à la soirée du bureau, assurez-vous que ce n'est pas votre petite culotte qui est visée.

LA LOI DU LANGAGE FAMILIER

Celle qui s'adresse à son patron sur le même ton que lui, le fait à ses risques et périls... « Mon coeur », « Boucle d'or », « Jeannette, ma chère »...

LOI FONDAMENTALE DE LA FEMME CADRE

1. Qu'elle soit hautement qualifiée, intelligente et expérimentée, une femme qui travaille à son comp doit être considérée comme Dangereuse, car son esprit sera monopolisé par des intérêts personnels.
2. Toute femme d'affaire qui réussit est suspectée de mener son mari par le bout du nez.

UN VRAI CERCLE VICIEUX POUR LA FEMME CADRE

Les hommes n'aiment pas les femmes avec des attachés-cases.

Les hommes n'aiment pas les femmes sérieuses dans le travail.

LA CONCLUSION DE SOPHIE SUR L'ORDRE HIÉRARCHIQUE

La femme qui fait le café dirige le service.

SECONDE CONSTATATION

Les hommes admirent les femmes intelligentes, indépendantes et franches. Ils pensent même qu'elles devraient obtenir des promotions. Ce qu'ils n'aiment pas c'est juste travailler avec des femmes intelligentes, indépendantes et franches.

LOI DE MME BERTOUILLE

1. Les femmes qui parlent entre elles sont des pipelettes. Les hommes qui parlent entre eux se tiennent au courant.
2. L'homme qui passe la majeure partie de sa journée de travail dans les bars ou au restaurant prend des contacts intéressants. La femme qui rentre chez elle à midi pour voir comment vont ses enfants, n'a pas le coeur à l'ouvrage.

UN VIEIL ADAGE

Derrière chaque patron se cache une femme de tête.

LA CONSÉQUENCE DES ANNÉES 90

Sous chaque patron se cache une femme bête.

LA LOI D'ANNE-SOPHIE DE MONTCLERC

L'importance de l'affaire à traiter détermine le grade hiérarchique.

LOI SANS APPEL À L'ÉGARD DES CADRES SUPÉRIEURS

Si vous êtes la seule femme dans ce cas, ce sera de votre faute s'il n'y a pas de café.

LA RAISON DU PLUS FORT EST TOUJOURS...

Quand vous avez tort, votre patron ne l'oublie jamais. Lorsque vous avez raison, il ou elle s'en attribue les mérites.

LORSQU'UNE JEUNE SECRÉTAIRE ACCUMULE LES RETARDS

Si vous dites à votre patron que vous êtes en retard parce que le train a déraillé, le jour suivant il y aura véritablement un déraillement.

CONSÉQUENCES ...

1. Les trains ne déraillent jamais sur la ligne de votre patron.
2. La seule fois où vous aurez une excuse valable, elle sera si extravagante qu'il sera inutile de l'invoquer.

LA LOI DU SECRÉTARIAT

Les tasses de café sont mieux appréciées que vos performances en matière de frappe.

AMÈRE CONSTATATION

Les logiciels de Word se plantent uniquement les jou où vous êtes saturée de travail ou le vendredi après-midi.

LE CASSE-CROÛTE PRIS SUR LE POUCE

L'idiote qui décide d'avaler un sandwich au bureau e toute désignée en cas de message urgent à dicter.

LA LOI DE L'EMPAQUETAGE

C'est au moment où vous aurez fini d'emballer cette pellicule de film ultra glissante dans un tube en carton rigide, le tout enveloppé dans des m2 de papier kraft des km de scotch, que votre patron vous demandera d l'envoyer dans une boite en carton toute plate.

LETTRES SELON LES USAGES

La lettre que votre patron vous demande de retaper e toujours la dernière de la journée.
Cette lettre est toujours la plus longue.
La plus urgente.
Celle qui est mise dans la mauvaise enveloppe.

Miss Murphy amoureuse !

SIMPLE QUESTION D'OBSERVATION
La différence entre le rêve et la réalité se situe
au niveau du ras-le-bol.

LES ASPECTS PRATIQUES VUS PAR PAMÉLA
Une grande passion survit rarement à une fermeture
éclair coincée.

L'AMOUR À LA COURTE PAILLE
Le soir où, lors d'un rendez-vous arrangé, vous portez
des talons de dix cm, il ne fera qu'un mètre soixante.

LE PRINCE CHARMANT SELON MYLÈNE
1. S'il est charmant, sophistiqué, beau, vous découvrirez
   qu'il possède une collection de tarentules dans sa
   chambre.
2. Il est beau. Il est gentil. Il est intelligent. Il est
   homo.

POST-SCRIPTUM
Les femmes existent pour veiller à ce que les
équipements sportifs des hommes restent propres.

MLLE DURBAN ET LA DURE LOI DE CELUI QUI RESTE

1. L'homme qui vous allume à la soirée s'en va à Bahrein pour deux ans. Demain !
2. L'homme dont les yeux ont rencontré les vôtres est toujours sur l'autre quai.
3. Si vous avez économisé pour passer quatre semaine de romance au soleil avec votre petit copain, vous rencontrerez l'amour de votre vie la veille du dépar

LE CÔTÉ KITSCH DE KIKI

Si vous arrivez à le persuader de faire les vitrines avec vous, il trouvera les objets exposés d'un incroyable vulgaire. Or vous en possédez un à la maison, empaqueté dans du papier bleu marine avec des petites étoiles dorées et son nom inscrit dessus.

PAULINE ET LE FLIRT QUI FILE LA POISSE

1. Le Type que vous croyiez au Japon, vous trouve encore en peignoir, non coiffée, pas lavée et en train de manger des sandwiches au beurre de cacahuètes et à la marmelade, à onze heures et demi du matin.
2. Vous avez passé votre après-midi à tout préparer, les chandelles, la décoration, le repas, le vin et vous-même. Il franchit la porte essoufflé, vous dit « Je suis là ! », passe devant vous et allume la télé

Miss Murphy et le macho

LOI N° 1
Dame Nature se révèle être phallocrate.

LES ASPECTS DE LA A DUALITÉ
Les hommes se trempent, se couvrent de boue et
sont exténués en recherchant des sensations fortes.
Les femmes se trempent, se couvrent de boue et
sont exténuées en allant faire leurs courses.

UNE VÉRITÉ ÉTABLIE
Seuls les hommes attrapent la grippe. Les femmes
n'ont que des rhumes.

LA LOI CRA-CRA DE MME MURPHY
Les hommes ne s'occupent jamais de vomi.

« LA PLACE D'UNE FEMME... »
Un homme affalé sur une chaise recharge ses
batteries.
Une femme affalée sur une chaise néglige ses
devoirs.
Conclusion: Une femme inactive est une femme
qui culpabilise.

LE DESIGN COMMENTÉ PAR MME PARENT

Les hommes ont été de loin les plus actifs en matière de design. Ils ont réussi en faisant des maisons sans espace prévu pour la planche à repasser, des magasins sans escalators, des stations sans rampes d'accès pour les handicapés, des tours d'habitation qui rendent les occupants fous, des chariots avec les roues bloquées et des placards trop hauts pour que l'on puisse y accéder.

LE COMBLE !

Les hommes obtiennent des arrêts de travail pour raison de maladie.

LA LOI SUR L'ANTI-NUCLÉAIRE

Toute femme qui milite contre la destruction de la planète est jugée irresponsable. Et lesbienne.

L'ARCHITECTURE COMMENTÉE PAR MME PARENT

Il n'y a qu'un homme pour avoir dessiné les « machines à habiter » de Le Corbusier.
Les femmes font partie des gens qui font une dépression en y vivant dedans.

LA LOI DE PLATON

Les hommes, lorsqu'ils meurent, espèrent découvrir le mystère de l'Univers.
Les femmes espèrent trouver où vont les chaussettes dépareillées.

MME EINSTEIN MET SON GRAIN DE SEL

Les hommes résolvent les problèmes sur du papier millimétré et ne peuvent s'empêcher de les appliquer dans la réalité. Ce procédé nous a donné la théorie de la relativité, le calcul, le marxisme, le nazisme, la bombe à neutrons et la puce électronique.
Les femmes font de petites additions au dos des enveloppes et ont, jusqu'ici, assuré la survie de l'espèce.

LA PETITE FEMME DE MONSIEUR !

1. Un homme qui épouse une femme pour son intelligence et son originalité est l'homme dont elle divorcera pour manque d'intelligence et d'originalité.
2. Les femmes qui en savent plus que leurs maris , quelque soit le sujet de conversation, lors d'un dîner de fête, sont considérées par eux comme déloyales et faisant insulte à leur virilité.

MME MURPHY VOIT ROUGE!

Les hommes font les quatre cents coups. Les femmes sont garces. Les hommes sont toujours sidérés lorsqu'une fille tombe enceinte.

Miss Murphy et le sexe

LA LOI DE VICTORIA SUR LE SEXE

L'Homo Sapiens aime se compliquer la vie: sortir la nourriture de son emballage, entamer un rouleau de papier toilette, déchirer du papier alu sans se couper la main...et le sexe.

L'ÉTIQUETTE QUI VOUS COLLE À LA PEAU

« J'ai la migraine! » est synonyme de « Tu empestes l'alcool ».

LES OBSERVATIONS DE MISS BOND

Le plus grand handicap dans toute histoire passionnée, c'est d'être chatouilleux.

Les primates évolués sont probablement à l'origine de la méthode de procréation la plus godiche qui soit.

Et rajouter de la poésie n'y changera rien.

LES SURPRISES DE LA VIE AMOUREUSE...

1. Légèrement enivrée par le vin, vous vous écroulez devant la cheminée, sur le seul morceau de coque de noisette qui a échappé à l'aspirateur.
2. Vous aviez oublié que vous portiez un sous-vêtement en Thermolactyl.
3. Il ne s'est pas rasé. Encore une fois !

LA FEMME AU FOYER ET LE SEXE

Le comble dans le loi de Murphy c'est lorsque vous vous souvenez avoir laissé le gaz allumé sous la cafetière, au moment où vous allez atteindre l'orgasme.

LA FLÈCHE DU PARTHE DE GERMAINE

l'absence d'orgasme est une chose de plus à rajouter au complexe de culpabilité développé par n'importe quelle femme.

UNE RÉALITÉ DOUCE-AMÈRE !

1. Une femme qui pleure après avoir fait l'amour sera même femme riant toute seule comme une idiote.
2. Le sexe est une fonction biologique qui répond simplement à la préservation de l'espèce. Vous ne l'auriez jamais deviné !

La chose la plus rebutante au monde c'est d'imaginer un homme recherchant les zones érogènes de la femme, suivant les indications d'un manuel.